AF459579

LES RIVAUX D'EUX-MÊMES,

COMÉDIE

EN UN ACTE ET EN PROSE,

Par PIGAULT-LEBRUN.

Représentée, pour la première fois, sur le Théâtre de la Cité, le 22 Thermidor, an VI.

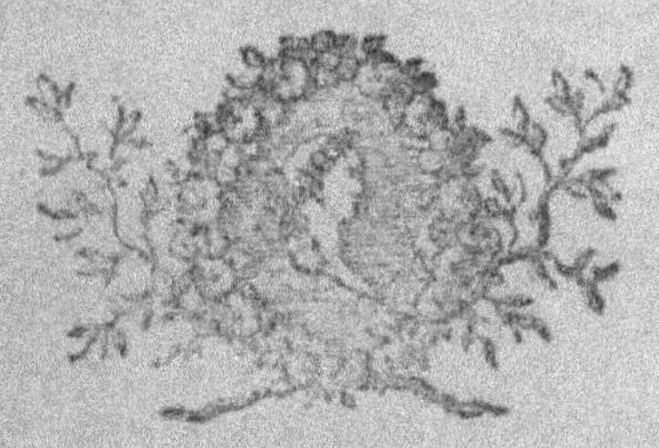

A PARIS,

Chez BARBA, Libraire, au Magasin des pièces de Théâtre, au petit Dunkerque, près le Pont-Neuf.

AN SIXIEME.

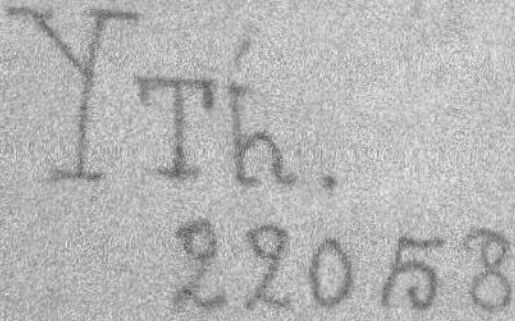

PERSONNAGES.

DUPONT, Aubergiste & Maître de poste.

DERVAL, | FORVILLE, — Officiers de Cavalerie au même Régiment.

Mad. DERVAL.

LISE, Suivante de Mad. Derval.

GARÇON d'Auberge, parlant.

OFFICIERS de différens Corps, | GARÇONS d'Auberge, — Personnages muets.

La Scène est dans une Auberge de Village, à six lieues de Paris, sur la route de Flandres.

LES RIVAUX D'EUX-MÊMES, COMÉDIE.

Le Théâtre représente un Salon commun, avec des portes de côté ; une table avec papier, plumes & encre.

SCENE PREMIERE.

DUPONT, GARÇONS D'AUBERGE.

DUPONT.

ALlons, enfans, de l'activité, du zèle. Que toutes les chambres soient prêtes, & sur-tout de la plus grande propreté. Ou je me trompe fort, ou la journée sera bonne. Nous sommes sur la route de Flandres, les Officiers blessés à Fontenoy, se font transporter à Paris, il y en aura qui auront besoin de repos, d'autres seront obligés d'atteindre mes postillons & mes chevaux ; nous les recevrons de notre mieux, & nous les garderons le plus long-temps que nous pourrons. Ne perdons pas de temps, que chacun se rende à son poste. (*On sort.*) Vous, Monsieur le chef de cuisine, courez le Village avec vos aides, & prenez ce que vous trouverez de mieux ; il n'y a rien de trop bon pour des vainqueurs ; allez, mon ami, allez.

SCENE II.

DUPONT, *seul.*

C'Est un homme bien précieux que ce Maréchal de Saxe ! il bat les Anglais & fait les affaires des Aubergistes & des Maîtres de postes ; c'est vraiment un homme admirable. Tâchons de faire notre métier, comme il vient de faire le sien. (*Ecoutant.*) Oh, oh, une voiture ! c'est de bonne heure. Voyons ce que c'est.

SCENE III.

DUPONT, UN GARÇON.

LE GARÇON.

C'Est une Demoiselle dans un cabriolet.

DUPONT.

La Demoiselle dans ce salon, le cabriolet sous la remise, & le cheval à l'écurie. (*Le Garçon sort.*)

SCENE IV.

DUPONT, *seul.*

UNe Demoiselle ! je n'en suis pas fâché : nos Officiers ne les haïssent pas. Si celle-ci est aimable, la conversation s'engagera, & quand on cause, le temps s'écoule, & on ne pense pas à partir.

SCENE V.

LISE, DUPONT.

DUPONT.

HÉ, c'est la femme-de-chambre de Madame Derval ?

LISE.

Mieux que cela, c'est Madame Derval elle-même.

DUPONT.

Elle arrive!

LISE.

Elle me fuit.

DUPONT.

Seule?

LISE, *d'un air myſtérieux.*

Seule. Elle vient attendre ici quelqu'un...

DUPONT.

Vous me dites cela d'un air de myſtère...

LISE.

Mais c'eſt qu'il y en a beaucoup.

DUPONT, *ſouriant d'un air intrigué.*

Ah! vous me conterez cela, Mademoiſelle Liſe.

LISE.

J'ai pris le devant tout exprès.

DUPONT.

En vérité?

LISE.

Ecoutez-moi, mon cher Dupont.

DUPONT.

Je ne perds pas un mot.

LISE.

On a marié ma maîtreſſe...

DUPONT.

A l'âge de dix ans; je ſais cela.

LISE.

Monſieur Derval...

DUPONT,

N'en avoit encore que quatorze. Après?

LISE.

Mais il donnoit dès-lors les plus belles eſpérances. C'eſt le fils d'un excellent Officier, qui, de ſimple ſoldat, eſt parvenu, à force de mérite, aux grades ſupérieurs, & qui, je ne ſais dans quelle affaire, a ſauvé la vie à notre vieux maître, enfin c'étoit un de ces arrangemens d'amitié & de convenance...

DUPONT.

Qui ne ſont pas ſans exemple. D'aileurs, je reconnois là le cœur de Monsieur d'Heynel; je lui dois ma petite fortune, & certes... mais continuez, Mademoiselle.

LISE.

Vous concevez qu'une Demoiselle de dix ans & un jeune homme de quatorze...

DUPONT.

Ne se marient que pour la forme.

LISE.

C'est cela précisément. Le jeune homme, en descendant de l'autel, monta dans une chaise de poste avec son Gouverneur.

DUPONT.

Il partit avec résignation?

LISE.

Avec assez d'humeur.

DUPONT.

Voyez-vous le petit espiègle!

LISE.

On lui obtint du service dans un Régiment de Cavalerie, & au retour de ses voyages, il fut joindre l'armée devant Pragues.

DUPONT.

Sans voir sa femme?

LISE.

Depuis six ans, il n'a point approché Paris!

DUPONT, *souriant.*

Madame a donc aussi voyagé?

LISE.

Elle n'a point quitté sa mère, & n'est point sortie de la banlieue.

DUPONT.

Quelle patience!

LISE.

Et quel ennui! une femme de seize ans, vive, sensible...

DUPONT, *souriant.*

Et peut-être un peu curieuse, enfin?

LISE.

Derval a eu l'honneur de prendre un drapeau à la bataille de Fontenoy, il a obtenu un congé...

DUPONT.

Ah ! c'eſt trop juſte.

LISE.

Et il arrive aujourd'hui à Paris, avec l'empreſſement d'un mari de vingt ans, qui brûle de connoître ſa femme, dont les lettres lui ont proviſoirement tourné la tête.

DUPONT.

Je ne vois rien de myſtérieux dans tout cela.

LISE.

M'y voici.

DUPONT.

Je redouble d'attention.

LISE.

Ma maîtreſſe, faite comme les graces, jolie comme les amours, fine comme un lutin, & perſuadée de ce qu'elle vaut...

DUPONT.

C'eſt tout ſimple.

LISE.

Se défie cependant de la bizarrerie des hommes.

DUPONT.

Et peut-être n'a-t-elle pas tort.

LISE.

Son mari s'eſt fait d'elle une ſi haute idée, qu'en dépit de ſa petite vanité, elle craint parfois de ne pas réaliſer la chimère qu'il s'eſt crée. Elle ſent que Derval, délicat, bien élevé, ne laiſſera rien percer des ſenſations qui pourroient lui être défavorables, & elle veut être bien ſûre de la façon de penſer de ſon mari. Depuis ſix ans il ne l'a pas vue, elle eſt devenue méconnoiſſable pour lui, elle compte ſe préſenter à ſon jeune époux ſans en être connue, & elle vous prie d'aider au ſuccès de la petite ruſe.

DUPONT.

La fille de mon bienfaiteur n'a que des ordres à me donner.

LISE.

Elle s'appellera Madame d'Alleville ; elle sera partie pour se rendre près de son mari, dangereusement blessé à Fontenoy ; vous n'aurez de chavaux pour personne ; vous mettrez Monsieur Derval dans une chambre voisine de la sienne...

DUPONT.

J'y suis, j'y suis. Il s'impatientera, il tempêtera ; je le prierai de ménager l'épouse du Général d'Alleville, dont la chambre touche à la sienne : en homme qui sait vivre, il demandera la permission de la saluer ; Madame d'Alleville l'accordera, Monsieur Derval se présentera, & ma foi...

LISE.

A merville, à merveille.

DUPONT.

Holà ! quelqu'un. (*Un Garçon entre.*) Tous les Postillons à cheval, tous les chevaux, à la première poste, sur le chemin de Paris, un seul bidet ici pour aller chercher les autres, quand il en sera temps. (*Le Garçon sort.*) Vous voyez, Mademoiselle Lise, que j'entends au premier mot, & que je vais au-delà de vos intentions.

SCENE VI.

LES PRÉCÉDENS, UN GARÇON.

LE GARÇON.

UN vis-à-vis à quatre chevaux.

DUPONT.

Venant de Flandres ?

LE GARÇON.

De Paris.

LISE.

Amenant une Dame ?...

LE GARÇON.

Et jolie, mais jolie !...

LISE.

LISE.

C'est elle, je cours la recevoir.

DUPONT.

Et moi, je vais tout ordonner.

SCENE VII.

DUPONT, LE GARÇON.

DUPONT.

UN joli dîner pour cette chambre. (*Il indique une porte à sa gauche.*) Deux couverts.

LE GARÇON.

Mais, cette Dame est seule.

DUPONT.

Deux couverts, & point de réflexions. Du vin de Constance...

LE GARÇON.

De celui que vous faites?

DUPONT.

Non, du petit caveau. Les domestiques, au numéro dix, au bout de la petite galerie; la tranche de jambon, & le Bourgogne à discrétion. Marche.

SCENE VIII.

DUPONT, *seul.*

EN occupant les gens à boire, on les empêche de se mêler des affaires de leurs maîtres: il faut penser à tout.

SCENE IX.

DUPONT, Madame DERVAL, LISE.

Mad. DERVAL.

HÉ, bonjour, mon cher Dupont?

DUPONT, *avec un sérieux comique.*

J'ai l'honneur de présenter mes respects à Madame d'Alleville.

Mad. DERVAL.

Bien, très-bien. Voilà le ton qu'il faut prendre.

DUPONT, *toujours gourmé.*

Le Général d'Alleville n'est plus à plaindre, Madame; votre empressement lui fera chérir sa blessure, & votre seul aspect hâtera sa convalescence.

Mad. DERVAL.

Comment donc, de la galanterie!

DUPONT, *de même.*

Auprès de vous, Madame, on n'est jamais galant.

LISE.

On est vrai, & vous le savez bien.

Mad. DERVAL.

De mieux en mieux. Mais laissons cela, & revenons à nos petits arrangemens.

DUPONT.

Tout est arrangé, Madame, comme vous l'avez desiré. Voilà votre chambre, (la porte à gauche) celle d'à-côté est pour Monsieur; vos gens vont s'ênivrir à l'extrémité du bâtiment: je suis discret, Mademoiselle est attachée, vous êtes charmante, Monsieur Derval est tendre, le reste va de suite. Je vous salue, & je retourne à mes affaires.

SCENE X.

Madame DERVAL, LISE.

Mad. DERVAL.

CEt homme est vraiment aimable.

LISE.

Hé, pouvez-vous en trouver d'autres?

Mad. DERVAL.

Tu ne me flattes pas?

LISE.

Incapable, Madame.

Mad. DERVAL.

Je puis donc espérer que Derval...

LISE.

Daignera vous rendre justice, & sentir tout son bonheur.

Mad. DERVAL.

Ah ! c'est que les maris...

LISE.

A la vérité, ils ont quelquefois des torts.

Mad. DERVAL.

On le dit.

LISE.

Ils ont aussi leur joli côté.

Mad. DERVAL.

C'est ce qu'on dit encore.

LISE.

Vous jugerez bientôt de l'un & de l'autre.

Mad. DERVAL.

Plus le moment approche, plus je suis inquiéte, préoccupée.

LISE.

Folie. Hé, tant pis après tout pour Monsieur Derval, s'il n'est pas ce qu'il doit être : une jolie femme a tant de moyens de dissipation...

Mad. DERVAL.

Lise !

LISE, *se reprenant.*

La lecture, la promenade, la musique ; que sais-je, moi !

Mad. DERVAL.

(*Rêvant.*) C'est peu de chose que cela. (*Avec dépit.*) Ces malheureux Bohémiens avoient bien affaire d'arrêter le Courier du Ministre de la guerre ; il auroit reçu mon portrait, il me connoîtroit, il ne se seroit pas fait une idole.

LISE, *avec impatience.*

Qui, à coup sûr, ne vous vaut pas.

Mad. DERVAL, *d'un ton caressant.*

Tu le crois ?

LISE, *du même ton.*

Vous aimez à vous l'entendre répéter.

Mad. DERVAL.

Oh ! ce n'est pas par amour-propre.

LISE.

Ah ! sans doute.

Mad. DERVAL.

Mais je l'aime tant, ce cher Derval !

LISE.

On assure qu'il est si bien !

Mad. DERVAL.

Je ne tiens pas essentiellement à la figure.

LISE.

Heu ! un joli homme en vaut bien un autre ; on peut pardonner à celui-ci d'être grand, bien fait, brave.

Mad. DERVAL, *avec chaleur*.

Et il écrit... il écrit...

LISE.

Comme un ange, Madame... (*Finement*.) il n'auroit aucun de ces avantages, que vous l'aimeriez de même.

Mad. DERVAL.

(*Hésitant*.) Oui... (*Gaîment*.) Mais comme tu l'observes fort bien, ces agrémens...

LISE.

N'ont jamais déparé personne.

Mad. DERVAL.

Enfin, nous allons le voir.

LISE.

Moi, je m'en fais une fête.

Mad. DERVAL.

J'étudierai son caractère.

LISE.

Il n'aura pas d'intérêt à vous tromper.

Mad. DERVAL.

Je le voudrois franc, délicat, enjoué...

LISE.

Tendre, sur-tout.

Mad. DERVAL.

Tu achèves ma pensée. S'il alloit m'aimer ?...

LISE.

Sans ſavoir qui vous êtes.

Mad. DERVAL.

M'être infidèle..

LISE.

Par excès d'amour.

Mad. DERVAL.

Cela ſeroit charmant.

LISE.

Divin.

Mad. DERVAL.

C'eſt bien alors que je compterois ſur ſon cœur.

LISE.

Quel plaiſir pour une femme, de tenir tout d'elle-même, de ne rien devoir aux bienſéances, aux procédés. Si jamais je me fixe, je veux un homme qui ne connoiſſe rien de tout cela.

Mad. DERVAL, *jouant la frayeur.*

Ah ! mon Dieu !...

LISE.

Qu'eſt-ce ?

Mad. DERVAL.

Des chevaux ! des voitures !

LISE.

Avez-vous cru qu'il arriveroit à pied ? (*A travers les portes du fond, on voit des Officiers traverſer.*)

Mad. DERVAL.

Des Officiers ?

LISE, *impatiente.*

Hé ! attendez-vous un Prélat ?

Mad. DERVAL.

Moi, je ſuis dans un déſordre effroyable.

LISE.

Déſordre bien avantageux, à ſeize ans.

Mad. DERVAL.

Un peu d'art ne gâte rien. Je paſſe dans cette chambre.

LISE.

Je vous ſuis.

Mad. DERVAL.

Non, non, reſte; tu connois l'uniforme?

LISE.

Habit bleu, revers, paremens citron, agrémens en argent.

Mad. DERVAL.

Obſerve, étudie, & viens me rendre compte de tout. (*Elle ſort.*)

SCENE XI.

LISE, *ſur le devant de la ſcène*, DERVAL, *la manche droite ouverte & rattaché avec des rubans noirs*, FORVILLE, OFFICIERS *de différens corps*, DUPONT.

LISE.

J'Aurois eu beſoin auſſi d'un peu de toilette... Ah! c'eſt un petit ſacrifice que je fais volontiers à Madame.

DUPONT.

Par-ici, Meſſieurs, par-ici.

DERVAL.

Des chevaux, vite, des chevaux.

DUPONT.

Dans deux heures, j'en aurai trente à votre ſervice.

DERVAL, *s'écriant.*

Comment dans deux heures!

LISE, *à part.*

Voilà l'uniforme.

DERVAL.

Je ferai plutôt la route à pied.

LISE.

Le joli homme! ſi c'étoit lui?

FORVILLE.

Modère-toi, mon cher Déricourt.

LISE.

Déricourt! ah, quel dommage!

DERVAL.

Hé! modère-toi, toi-même, tu en parle bien à ton aise.

DUPONT.

Toutes ces chambres sont prêtes, les clefs sont aux portes, ces Messieurs n'ont qu'à choisir.

FORVILLE.

Allons, Messieurs, puisqu'il faut attendre, logeons-nous au hazard. (*Les Officiers sortent de différens côtés ; Derval reste avec Forville, qui redescend la scène.*) (*A Dupont.*) Dites un peu, l'ami, fait-on bonne chère chez vous?

DUPONT.

J'ai un Cuisinier de Paris.

DERVAL.

Un Cuisinier! des chevaux, des chevaux.

FORVILLE.

Et vous avez sans doute une espèce de Chirurgien dans ce Village?

DUPONT.

Très-savant, à ce qu'il dit.

DERVAL.

Je m'en suis tiré avec un coup de bayonnette dans le bras, & cette aimable enfant, (*montrant Lise.*) vaudra tous les Chirurgiens du monde. (*Il lui prend la main.*)

DUPONT, *sortant.*

En ce cas, je vous laisse avec elle.

SCENE XII.

FORVILLE, DERVAL, LISE.

LISE.

Finissez, donc, Monsieur, je ne me connois point en blessures.

DERVAL.

Hé! vous ne faites que cela.

LISE.

C'est sans le savoir.

DERVAL.

Le mal n'est pas moins cruel.

LISE, *d'un petit air prude.*

Je ne me chargerai pas de le guérir.

DERVAL, *à Forville.*

Elle est aimable.

LISE.

Vous êtes indulgent.

DERVAL.

Elle est jolie.

LISE.

Ah ! vous êtes connoisseur.

DERVAL.

Embrassons-nous.

LISE.

Quoi ! sans se connoître ?

DERVAL.

C'est le plus court moyen de faire connoissance.

LISE.

Je n'aime pas les liaisons précipitées.

DERVAL.

Ce sont les plus piquantes.

LISE.

Et les moins solides.

DERVAL.

Refuser un baiser à un homme qui arrive de Fontenoy !

LISE.

A ce titre-là, j'en donne deux. (*Elle l'embrasse.*) Et vous le rendrez au Maréchal de Saxe.

DERVAL.

Il n'est pas dupe ; il aimera mieux les prendre lui-même.

LISE.

Oh ! bien à son service. J'aime les héros, moi.

DERVAL.

Celui-ci l'est de toutes les manières.

LISE.

L'heureux mortel !

FORVILLE.

Mais, d'Ericourt, tu causes, tu causes, & ces Messieurs se logent. Tu oublies auprès de Mademoiselle, très-intéressante sans doute, que tu as besoin de repos.

DERVAL.

Tu le crois ? moi je suis sûr de contraire.

FORVILLE, *l'emmenant.*

Toujours le même. Viens, & cherchons un coin où tu puisses être à ton aise.

DERVAL.

Allons donc, puisque mon mentor le veut. (*Fausse sortie.*)

LISE.

S'il m'étoit permis de vous arrêter encore un moment.

DERVAL, *revenant.*

Oh ! je vous dois la préférence.

FORVILLE, *le suivant.*

Encore !

LISE.

J'ai entendu parler avec éloge d'un Officier de votre Régiment.

DERVAL.

Son nom ?

LISE.

Derval.

DERVAL, *étonné.*

Derval !

LISE.

Vous le connoissez ?

DERVAL, *souriant.*

Beaucoup.

LISE.

On m'a dit qu'il devoit arriver aujourd'hui.

DERVAL.

Et qui vous a dit cela ?

LISE.

Une jeune Dame que j'ai laiſſée à Paris...

DERVAL.

Et qui ne le connoît pas plus que vous?

LISE.

Mais qui brûle de le voir.

DERVAL.

L'empreſſement de Derval eſt au moins égal au ſien.

LISE.

Vous croyez donc qu'il arrivera aujourd'ui?

DERVAL, *ſouriant.*

Oh! je vous en réponds.

LISE, *ſaluant.*

Mille remercimens, Monſieur.

DERVAL, *l'arrêtant.*

Et c'eſt là tout ce que vous vouliez?

LISE.

Je n'abuſe pas de la complaiſance de mes amis.

DERVAL, *s'approchant pour l'embraſſer.*

Et vous les quittez auſſi froidement?

LISE.

Pour ne pas l'être moi-même.

DERVAL.

Au nom du Maréchal de Saxe.

LISE.

Il ne gagne qu'une bataille en un jour.

DERVAL.

Et vous ne donnez qu'un baiſer par victoire?

LISE, *ſortant.*

Ils n'ont plus de prix quand ils ſont prodigués.

SCENE XIII.

FORVILLE, DERVAL.

DERVAL.

ELle eſt charmante, cette fille-là.

FORVILLE.

Etourdi, que penſeroit ta femme ſi elle te voyoit?

DERVAL.

Ma foi, mon ami, toute fille un peu jolie a droit aux hommages d'un Officier Français ; un baiſer pris ſans conſéquence n'eſt pas une infidélité, & il n'eſt pas défendu d'adoucir un peu les tourmens de l'abſence.

FORVILLE.

Frippon, je te ſoupçonne des moyens ſûrs de les oublier.

DERVAL, *tendrement.*

Et cependant j'aime ma femme... je l'aime... tu le ſais... (*Avec dépit.*) Ce maudit homme ! n'avoir pas ſeulement deux chevaux à nous donner ! Tiens, laiſſons ici nos équipages, & gagnons la première poſte en nous promenant.

FORVILLE.

Et ta bleſſure ?

DERVAL.

Ma bleſſure ! c'eſt bien la peine de penſer à cela.

FORVILLE.

Tu as cependant de bonnes raiſons de t'en ſouvenir. Un brevet de Lieutenant-Colonel, la terre d'Ericourt...

DERVAL.

Oh ! ſous ce rapport tu as raiſon. Il eſt certain que le Maréchal m'a ſervi chaudement.

FORVILLE.

Et Madame Derval ſait-elle tout cela ?

DERVAL.

Elle ſait que j'ai pris un drapeau ; mais je lui ai caché ma bleſſure pour ne pas l'inquiéter, & je n'ai rien dit de la terre d'Ericourt, pour avoir le plaiſir de lui annoncer moi-même cette nouvelle faveur.. Et pas de chevaux, pas de chevaux... je ſuis d'une impatience... Sais-tu que pour peu que ma femme ait une figure ſupportable, je ſerai l'homme du monde le plus heureux : elle ne m'a pas écrit une lettre, qui ne mérite les honneurs de l'impreſſion... & ſe voir arrêté à ſix lieues de Paris...

tu les as lues, ces lettres, & tu crains de marcher un peu pour voir plutôt celle qui les a écrites !

FORVILLE.

Je veux qu'en arrivant à Paris tu n'aies que le cœur malade.

DERVAL.

C'eſt ton dernier mot ?

FORVILLE.

Abſolument.

DERVAL.

Je partirai ſeul.

FORVILLE.

Je te le défends.

DERVAL, *ſortant vivement*.

Raiſon de plus.

FORVILLE.

Derval, d'Ericourt, reſte, je t'en prie, je le demande au nom de l'amitié.

DERVAL, *revenant & avec dépit*.

Ce chien d'homme-là fait de moi ce qu'il veut. (*Appellant*.) Holà ? l'ami.

SCENE XIV.

LES PRÉCÉDENS, DUPONT.

DUPONT.

QUE diſire Moſieur ?

DERVAL.

Une chambre, puiſqu'on ne veut pas que je parte.

DUPONT.

Elles ſont toutes occupées.

FORVILLE, *montrant ſa gauche*.

Et de ce côté-ci ?

DUPONT.

Il n'en reſte qu'une.

DERVAL.

Je m'en empare.

DUPONT.

Elle eſt arrêtée.

DERVAL.

Peu m'importe.

DUPONT.

Pour un Officier.

DERVAL.

Fût-ce pour un Général.

DUPONT.

Mais, Monsieur.

DERVAL.

Paix.

DUPONT.

De grace...

DERVAL, *plus haut.*

La clef de cette chambre, à la minute, à la seconde, ou je jette la porte en-dedans.

SCENE XV.

LES PRÉCÉDENS, LISE.

LISE.

Quel vacarme fait-on ici?

DUPONT.

C'est Monsieur, qui d'autorité veut prendre cette chambre...

DERVAL.

Certainement je la prendrai: voyons, voyons, où est-elle cette porte? (*Forville le retient.*)

SCENE XVI.

LES PRÉCÉDENS, Mad. DERVAL.

DERVAL, *à Forville.*

Ah, mon ami, la céleste figure? (*Il la regarde pendant toute la scène avec le plus vif intérêt.*)

Mad. DERVAL, *du ton le plus décent.*

Je n'aurois pas cru, Messieurs, qu'une femme

eût à rappeller des Officiers Français aux procédés qui les distinguent. Vous vous permettez des éclats..

FORVILLE.

Nous étions loin de penser, Madame, que nous pussions déranger quelqu'un qui a droit à nos égards. Mon ami, léger, inconsidéré même, mais aussi décent qu'aimable, quand les circonstances l'exigent...

LISE.

C'est bieu flatteur pour moi.

FORVILLE.

S'empressera sans doute de réparer ses torts.

DERVAL.

Peut-être, Madame, m'est-il permis de vous en reprocher un; c'est de ne vous être pas plutôt montrée; je n'aurois pas le désagrément de vous avoir déplu.

Mad. DERVAL.

C'en est assez, Monsieur. Vos manières, votre langage dissipent jusqu'au souvenir d'une légèreté bien pardonnable à votre âge.

LISE, *à Mad. Derval.*

N'est-il pas vrai qu'il est bien?

DERVAL, *à part.*

Je n'ai jamais vu de femme aussi séduisante! (*A Forville.*) Selon les apparences, nous ne partirons que tard.

FORVILLE, *finement.*

Tu commences à sentir que j'avois raison tantôt.

DERVAL.

Oui, un peu de repos m'est, je crois, nécessaire. Madame est probablement retenue ici comme nous: permettra-t-elle qu'on cherche à la distraire du petit chagrin que ce contre-temps lui fait sans doute éprouver?

Mad. DERVAL, *hésitant.*

Je ne sais, Monsieur, si je dois accepter...

LISE.

Hé, Madame, où est l'inconvénient? la campagne permet certaines libertés...

DERVAL.

Dont nous ſommes incapables d'abuſer. (*A Dupont.*) Un dîner auſſi joli que le permettra le moment. (*Dupont ſort.*) Mon ami, je doute qu'on ſoit fort bien ici; mais le goût ſupplée à bien des choſes, & tu en as tant..

FORVILLE, *riant.*

Que tu me fais l'honneur de choiſir pour ton Maître-d'hôtel.

DERVAL.

C'eſt abuſer de ta complaiſance.

FORVILLE.

Au contraire, je te dois des remercîmens : tu me procures le plaiſir d'être utile à Madame. (*Il ſalue Madame Derval, & ſort.*)

SCENE XVII.

DERVAL, Mad. DERVAL, LISE, *aſſiſe & brodant.*

DERVAL.

IL y a un inſtant, Madame, je me reprochois ſincèrement mon étourderie.

Mad. DERVAL.

Vous vous en applaudiſſez peut-être à préſent?

DERVAL.

Je lui dois le bonheur de vous connoître.

Mad. DERVAL.

On ne tourne pas mieux un compliment.

DERVAL.

Eſt-il poſſible de vous en faire?

Mad. DERVAL.

Monſieur n'eſt pas complimenteur. Ah! il a le goût de la plaiſanterie.

DERVAL.

Quelquefois, Madame.

Mad. DERVAL.

Et ſur-tout avec les femmes?

DERVAL.

Jamais avec celles qui vous ressemblent, s'il est possible d'en trouver.

Mad. DERVAL.

J'avoue alors qu'on ne sauroit être plus poli.

DERVAL.

Je vous proteste, Madame, que je n'en ai pas l'intention.

Mad. DERVAL.

Je me garderai bien, Monsieur, de vous en supposer d'autres.

DERVAL.

Oh ! je vous défie, Madame, de rien supposer.

Mad. DERVAL.

Mais ce que vous me dites là est très-clair.

DERVAL.

Oh ! je fais profession de la plus grande franchise.

Mad. DERVAL.

Vous m'embarrasseriez étrangement, Monsieur, si je ne savois à quel point un homme aimable abuse quelquefois de sont esprit.

DERVAL.

Cet abus-là, parfois, à son utilité.

Mad. DERVAL.

Auprès des femmes qui me ressemblent ?

DERVAL.

Auprès de celles qui nous laissent assez de sang-froid pour nous servir de nos ressources.

Mad. DERVAL.

Par exemple, ceci n'est pas flatteur.

DERVAL.

Comment donc ?

Mad. DERVAL.

C'est que vous avez beaucoup d'esprit en ce moment.

DERVAL.

Parce que je n'ose déraisonner. Si je n'écoutois que mon cœur...

Mad. DERVAL.

Mad. DERVAL.

Oh, ne parlons pas de cela, s'il vous plaît.

DERVAL.

Vous ne me faites pas l'honneur de me croire dangereux.

Mad. DERVAL.

Dangereux ! non, mais fort aimable.

LISE.

Ahie ! ahie !

DERVAL.

Ce défaut là, vous le portez à l'excès, & je me garde bien de vous en faire des reproches.

Mad. DERVAL.

Je conçois qu'il est pardonnable.

DERVAL.

Il justifie ce que j'éprouve & ce que je me permets de vous dire.

Mad. DERVAL, *riant.*

Lise avoit bien raison. Il arrive à la campagne des choses d'un singularité...

DERVAL.

Ce qui m'arrive à moi est inconcevable. Je descends dans cette auberge, je maudis le retard que j'éprouve, je m'emporte, je vous vois, &... (*Il s'arrête.*)

Mad. DERVAL.

Et ?...

DERVAL.

Sans compliment, sans politesse, je suis enchanté de n'être pas parti.

Mad. DERVAL.

C'est du fatalisme, cela. Monsieur me connoît depuis cinq minutes...

DERVAL, *tendrement,*

En faut-il tant pour vous juger?

Mad. DERVAL.

Et moi qui ai la bonté de me prêter à de semblables folies ! Réfléchissez, Monsieur, revenez à la raison.

DERVAL.

De la raison auprès de vous! quelle idée avez-vous donc de vous-même?

Mad. DERVAL.

Ne vous seroit-il pas égal, Monsieur, de parler d'autre chose?

DERVAL.

Egal, non.

Mad. DERVAL.

Possible, au moins?

DERVAL.

Si décidément vous l'ordonniez...

Mad. DERVAL.

Je vous en prie.

DERVAL.

Je vais tâcher de vous obéir.

Mad. DERVAL, *d'un air indifférent.*

De quoi parlerons-nous?

DERVAL.

Un seul sujet m'intéressoit.

Mad. DERVAL, *vivement.*

Celui-là vous est interdit.

DERVAL.

Les autres me sont tout-à-fait indifférens.

Mad. DERVAL.

Votre blessure, Monsieur, ne paroit pas dangereuse?

DERVAL.

De laquelle parlez-vous, Madame?

Mad. DERVAL.

Monsieur va oublier à Paris les fatigues de la guerre?

DERVAL.

J'ai déjà tout oublié.

Mad. DERVAL, *avec timidité.*

Monsieur n'est pas marié sans doute?

DERVAL.

Il y a un quart-d'heure, je me félicitois encore de l'être.

Mad. DERVAL, *d'un petit ton piqué.*

En vérité, Monſieur, vous n'avez pas la moindre complaiſance.

DERVAL, *du même ton.*

Mais c'eſt qu'auſſi, Madame, on n'eſt pas exigeante à ce point-là.

Mad. DERVAL.

Si vous continuez, je ne dis plus un mot.

LISE.

Ecouter, c'eſt répondre.

DERVAL.

Hé bien, Madame, je porterai la réſerve auſſi loin que vous pourrez le deſirer.

Mad. DERVAL.

A la bonne heure.

DERVAL.

Je me garderai bien de vous parler d'amour.

LISE.

Je ne vois pas ce qui lui reſte à dire.

DERVAL.

Que vous importe, après tout, que je n'aie pu vous voir ſans la plus forte émotion, vous entendre ſans vous trouver accomplie?

Mad. DERVAL.

Encore!

DERVAL.

Quel intérêt peut vous inſpirer un homme que vous connoiſſez à peine, dont le plus grand tort eſt de ne ſavoir pas plaire, mais qui eſt à vous ſans retour, & qui vous quittera déſeſpéré de vous avoir vue?

Mad. DERVAL, *peinée.*

Tant d'opiniâtreté eſt moins déplacée... Elle eſt indiſcrète, offenſante. Juſqu'à préſent, Monſieur, j'ai partagé un badinage que je pouvois croire innocent; je terminerai cet entretien comme je l'aurois commencé ſans doute, ſi vous aviez éclairé plutôt mon inexpérience. On m'a impoſé des devoirs, je les respecte, (*tristement.*) je les chéris, & je les trahirois en restant plus long-temps avec vous.

(*Elle salue & sort.*)

SCENE XVIII.

DERVAL, LISE.

DERVAL, *rêvant sur le devant de la scène.*

ON lui a imposé des devoirs.

LISE, *toujours assise & brodant.*

C'est la première fois qu'elle s'en plaint.

DERVAL.

Elle les respecte.

LISE.

C'est bien la moindre chose.

DERVAL.

Cependant à travers sa dignité, j'ai cru démêler une teinte de sensibilité...

LISE.

Il pourroit bien avoir raison.

DERVAL.

Une femme polie écoute.

LISE.

Et bien souvent a tort.

DERVAL.

Mais on n'écoute pas jusqu'à la fin un homme qui déplaît & qui s'explique nettement.

LISE.

La conséquence est naturelle.

DERVAL.

Elle est charmante.

LISE.

C'est vrai.

DERVAL.

Je ne suis pas mal.

LISE.

Il eſt modeſte.

DERVAL.

Elle me tourne la tête, elle eſt diſpoſée à aimer : je m'attache à elle, & je ne la quitte plus...

LISE.

Oh, le petit ſcélérat !

DERVAL.

Et j'épuiſerai tous les moyens de plaire que m'a donnés la nature.

LISE.

Quel plan diabolique !

DERVAL, *remontant la ſcène.*

Mademoiſelle ?

LISE.

Monſieur ?

DERVAL.

Vous me ſeconderez, n'eſt-il pas vrai ?

LISE.

Oh ! bien certainement non.

DERVAL.

J'y compte cependant.

LISE.

Vous avez très-grand tort.

DERVAL.

Vous rejetez le petit traité que je vous propoſe ? (*Tirant ſa bourſe.*) Voilà pourtant les épingles du marché.

LISE, *prenant la bourſe.*

Ah ! on ne refuſe pas des épingles.

DERVAL.

Mais ce n'eſt pas tout de les prendre.

LISE.

C'eſt cependant tout ce que je puis pour vous.

DERVAL.

Me voilà fort avancé. Ah ça, vous reſterez neutre, au moins.

LISE.

C'eſt ce que je ne peux vous promettre.

DERVAL.

J'ai encore des épingles.

LISE.

Ah ! voyons cela.

DERVAL.

Non, je ne m'exposerai pas à perdre deux fois mes arrhes. Répondez-moi franchement & vous n'aurez pas à vous plaindre. Votre maîtresse va sans doute à Paris ?

LISE.

Ma maîtresse va en Flandres.

DERVAL.

Comment en Flandres !

LISE.

Cela vous paroît extraordinaire ?

DERVAL.

Ridicule. Aller en Flandres lorsque je vais à Paris ! Et que va-t-elle faire en Flandres ?

LISE.

Remplir les devoirs dont elle vous parloit tout-à-l'heure.

DERVAL.

Elle a un mari Flamand ?

LISE.

Ai-je dit un mot de cela ?

DERVAL.

De grace, finissons. Quel est-il ce mari ? un vieillard, un sot ?

LISE.

Respectez vos Généraux, s'il vous plait.

DERVAL.

Elle est la femme d'un Officier-Général ?

LISE.

Dangereusement blessé à Fontenoy.

DERVAL.

Nous n'avons que le Maréchal-des-Camps Dalleville...

LISE.

C'est son épouse que vous avez eu l'honneur d'entretenir.

DERVAL.

Madame Dalleville?

LISE.

Madame Dalleville.

DERVAL.

Vous êtes bien sûre de cela?

LISE.

Vous verrez que je ne reconnois pas ma maîtresse.

DERVAL.

Fripponne?

LISE.

Monsieur.

DERVAL.

Dalleville n'est pas marié.

LISE.

Comment il n'est pas marié!

DERVAL.

Vous rougissez? il y a de l'intrigue là-dessous.

LISE.

Pour qui nous prenez-vous?

DERVAL.

Votre maîtresse n'irai point à Tournai : Dalleville n'a besoin que de son Chirurgien. Je me charge de l'épouse prétendue, je serai son consolateur. (*s'asseyant & lui prenant les mains.*) Et si par hazard vous aviez aussi un mari blessé...

LISE.

Finissez donc, Monsieur, vous chiffonnez mon ouvrage.

DERVAL, *tournant & retournant la broderie.*

Le joli point! à qui est-il destiné?

LISE.

Mais vous êtes d'une pétulence...

DERVAL, *prenant l'ouvrage.*

Comment donc, des vers! ah! vous faites des patrons avec des billets doux?

LISE.

Vous m'impatientez, au moins. Je vais prendre aussi mon ton imposant.

DERVAL, *folâtrant*.

Oh ! par exemple, vous, vous n'y gagnerez rien.

LISE.

L'impertinent !

DERVAL, *lisant*.

» Un époux inconnu m'engage :
» Mon cœur, pressé d'aimer, vole au-devant du sien...

(*Se levant vivement*) Ah ! mon dieu... mon dieu !...

LISE, *toujours assise*.

Qu'a-t-il donc ?

DERVAL, *hors de lui*.

Ce n'est pas là votre écriture ?

LISE.

Hé ! non. C'est celle de ma maîtresse.

DERVAL.

Lise, ma chère Lise, je suis l'homme du monde le plus heureux. (*Il met la broderie dans sa poche*.)

LISE, *se levant*.

Mon ouvrage, Monsieur. Rendez-moi donc mon ouvrage.

DERVAL, *descendant la scène*.

C'est ma femme, c'est elle... Derval, dont on me demandoit des nouvelles, Dalleville qui est garçon, ces vers quelle a écrits... c'est elle... c'est elle... Oh ! j'en perds la raison.

LISE, *stupéfaite & à sa place*.

En honneur, je n'y comprends rien.

DERVAL.

Elle est venue au-devant de moi ; oh ! comme je dois l'aimer. Elle a voulu m'éprouver : oh ! comme je vais le lui rendre. (*Appellant en sortant*.) Mon ami, mon ami !

LISE.

Mon ouvrage, Monsieur, mon ouvrage... Il a quelque chose d'extraordinaire ce jeune homme-là ?

SCENE

SCENE XIX.

LISE, Madame DERVAL.

Mad. DERVAL.

QU'avez-vous donc, Mademoiſelle ? qui peut occaſionner ces clameurs ?

LISE.

C'eſt ce Monſieur d'Éricourt, qui en conte à toutes les femmes, qui n'eſt pas trop réſervé avec quelques-unes, qui ne l'eſt pas aſſez avec d'autres, qui badine, qui ſolâtre, & qui enlève.

Mad. DERVAL.

Qui enlève ?

LISE.

Un très-beau point que je ne brodois pas pour lui.

Mad. DERVAL.

Eſpiéglerie d'un jeune homme, qui a peut-être moins de tort que vous. Si vous ne vous étiez pas prêtée à ſes plaiſanteries...

LISE, *piquée.*

Pas plus que vous, Madame, à tous les contes qu'il vous a débités.

Mad. DERVAL.

Des contes ! vous avez des expreſſions ſingulières... Cet homme eſt aimable, il s'amuſe ; ne falloit-il pas pouſſer le ridicule juſqu'à s'en fâcher ſérieuſement ? j'ai dû lui impoſer ſilence, je l'ai fait, & je n'attache pas la moindre importance à tout ce qu'il m'a dit.

LISE.

Je vous aſſure, Madame, que cet eſpiègle-là n'eſt pas du tout ſans conſéquence.

Mad. DERVAL.

Point d'apoſtilles, s'il vous plaît : je ſais ce que je dois faire.

LISE.

Madame, je me tais.

Mad. DERVAL.

Vous vous taiſez !... ce ſont vos réflexions que je vous prie de ſupprimer ; mais je veux ſavoir ce qui a pu vous alarmer dans cet homme (*La contrefaiſant.*) qui ne vous paroît pas ſans conſéquence.

LISE.

D'abord, Madame, c'eſt un homme charmant.

Mad. DERVAL.

Je l'ai vu. Après ?

LISE.

Il vous aime.

Mad. DERVAL.

Hé ! je ſais cela.

LISE.

Il a le deſir de plaire...

Mad. DERVAL.

Hé ! qu'importe ?

LISE.

Et il ſe flatte de réuſſir : il m'a même propoſé de le ſeconder.

Mad. DERVAL.

Pure étourderie.

LISE.

A la bonne heure ; mais un étourdi aimable...

Mad. DERVAL.

N'eſt pas à craindre pour une femme prudente...

LISE, *à part.*

Agée de ſeize ans.

Mad. DERVAL.

Enfin, juſqu'où ont été vos obſervations ? eſt-ce ſur ces riens, que ſont fondées vos craintes obligeantes ?

LISE, *à part.*

Des riens ! il faut déplaire, ou voir comme elle.

Mad. DERVAL.

Hé ! parlez, parlez donc. Monſieur d'Ericourt s'en eſt-il tenu à des idées générales ? rien de particulier, nulle curioſité, point de queſtions ? qu'a-t-il dit, répondez ? (*Ironiquement.*) J'ai le plus grand intérêt à bien connoître cet homme dangereux.

LISE.

Vous ſentez bien, Madame, que lorſqu'on vous a vue, on doit chercher à vous revoir.

Mad. DERVAL.

Au fait, par grace.

LISE.

Et pour cela, il faut au moins ſavoir votre nom.

Mad. DERVAL.

Et vous avez répondu ?...

LISE.

Selon vos ordres, Madame Dalleville.

Mad. DERVAL, *retenant un ſoupir.*

Vous avez bien fait, il vaut mieux, peut-être, qu'il ne me connoiſſe pas.

LISE.

Cependant, Madame, cette réponſe que vous approuvez, a amené un petit incident, qu'il n'étoit pas poſſible de prévoir.

Mad. DERVAL.

Et lequel, Mademoiſelle ?

LISE.

Monſieur Dalleville n'eſt pas marié.

Mad. DERVAL, *vivement.*

D'où ſavez-vous cela ?

LISE.

De Monſieur d'Ericourt.

Mad. DERVAL, *très-chaudement.*

O Ciel ! Monſieur Dalleville n'eſt pas marié ! Monſieur d'Ericourt le ſait !... & moi, qui ne me ſuis informée de rien avant de prendre ce malheureux nom... imprudente ! à la vérité, je n'avois d'autre intention que d'intriguer un moment mon mari : je ne penſois pas qu'un étranger... & cet étranger que doit-il croire à préſent ? que je ſuis une femme ſans état, ſans caractère, ſans délicateſſe, une de ces femmes avec qui on peut tout ſe permettre. Me voilà perdue dans ſon eſprit.

LISE, *finement*.

Hé ! Madame, que vous importe, à la rigueur, l'opinion d'un homme que vous ne reverrez peut-être jamais ?

Mad. DERVAL.

Je ne le reverrai jamais !... je ne le dois pas, je n'en ai pas l'intention ; mais une femme qui ſe reſpecte, eſt jalouſe de l'eſtime...

LISE.

Même de ceux qui lui ſont indifférens ?

Mad. DERVAL.

De tout le monde, Mademoiſelle, de tout le monde. Mais ne deviez-vous pas ſentir que cette petite ruſe ne regardoit que Monſieur Derval ? Ne deviez-vous pas craindre de me compromettre auſſi cruellement ? Mais vous ne ſavez rien prévoir, vous ne ſavez rien ſaiſir.

LISE.

Hé ! Madame, dans tout ceci, je ne vois que Monſieur Derval qui mérite des reproches : lui ſeul eſt cauſe de ce maudit quiproquo. Un jeune homme bleſſé, un petit héros bien ſemillant, bien empreſſé, bien tendre, mais qu'il n'eſt pas permis d'aimer, eſt ici depuis une heure ; & un mari, pour qui une femme charmante veut bien courir les champs, ſe fait attendre ainſi ! c'eſt abominable. S'il avoit, de vous voir, l'empreſſement qu'il exprime dans ſes lettres, ne ſeroit-il pas arrivé auſſi-tôt que ſes deux camarades ? Ne l'auroit-on pas logé dans cette chambre ? Monſieur d'Ericourt auroit-il trouvé l'occaſion de vous entretenir ? Vous auroit-il jeté dans tous ces embarras ?

Mad. DERVAL.

C'eſt une remarque que j'ai déjà faite.

LISE.

Et qui ſait encore quelle figure aura ce Monſieur Derval? On le dit bien; mais il ne ſuffit pas qu'il ſoit du goût des autres; il faut auſſi qu'il vous plaiſe à vous. S'il avoit quelques rapports avec Monſieur d'Ericourt?...

Mad. DERVAL, *avec complaiſance.*

Un peu de ſon amabilité...

LISE.

Même quelques-uns de ſes traits, une partie de ſes graces...

Mad. DERVAL, *avec abandon.*

Oui, je n'y perdrois rien.

LISE.

Ni lui non plus. Enfin, on le prendra tel qu'il eſt.

Mad. DERVAL, *avec un ſoupir.*

Il le faut bien...

LISE.

C'eſt un mari. Voilà pourtant où nous réduiſent des parens qui font tout à leur tête. Marier des enfans qui ne ſe connoiſſent point, qui peuvent ne pas ſe convenir.

Mad. DERVAL.

Au fond, cela n'eſt pas prudent.

LISE.

Empêcher une jeune perſonne de diſpoſer elle-même de ſon cœur!

Mad. DERVAL.

Oh! par exemple, ceci eſt injuſte.

LISE.

Injuſte? tyrannique, atroce, révoltant. Je ſuis perſuadée que Monſieur d'Ericourt a été marié comme vous; il n'a pas l'air fort épris de ſa femme, & ſi vous étiez libres l'un & l'autre...

Mad. DERVAL, *d'un ton careſſant.*

Oh! ne ſuppoſe rien, je t'en prie.

LISE.

Suppoſition bien innocente.

Mad. DERVAL.

Mais qui n'est pas sans danger.

LISE, *d'un air de compassion.*

A la vérité, je sens bien qu'il faut rompre cette liaison.

Mad. DERVAL.

Et quitter ce jeune homme, avec l'idée défavorable qu'il a dû concevoir de moi !

LISE.

Il seroit dur de la lui laisser.

Mad. DERVAL.

Je ne peux m'y résoudre. Je veux le détromper, je le dois à ma réputation, à ma tranquillité.

LISE.

A Monsieur d'Ericourt lui-même. Il sera enchanté d'apprendre que vous avez toujours des droits à son respect. (*Fausse sortie.*) Je le cherche, je le trouve, je l'amène.

Mad. DERVAL.

Oui, vas... non, non, demeure : plus d'entretien particulier, non, Lise, non. Son ami & lui rentreront pour dîner; je m'expliquerai de manière à mettre fin à tout ceci.

LISE.

Voilà ces Messieurs.

SCENE XX.

LES PRÉCÉDENS, DERVAL, FORVILLE.

FORVILLE, *dans le fond*

C'Est une extravagance.

DERVAL.

Cela se peut, mais tu t'y prêteras. Elle approche.

Mad. DERVAL, *embarrassée.*

Je ne sais, Monsieur, comment m'excuser auprès de vous...

DERVAL.

Vous n'en avez pas besoin.

Mad. DERVAL.

Je me suis permis un stratagême...

DERVAL.

Agréable pour tous, s'il vous a amusée.

Mad. DERVAL.

Le nom que j'ai pris un moment...

DERVAL.

N'est pas le vôtre, je le sais.

Mad. DERVAL.

Mariée très-jeune à un Officier de votre Corps...

DERVAL.

A Derval; je le sais encore, Madame.

Mad. DERVAL.

Comment, vous le savez?

DERVAL.

Mademoiselle brodoit sur des vers qu'elle m'a dit être de vous: vers & broderie j'ai tout saisi, tout emporté. Enchanté du trésor que je possédois, je courois en jouir auprès de mon ami: jugez de ma surprise, lorsqu'il a reconnu l'écriture de sa femme.

Mad. DERVAL, *effrayée & interdite.*

Ciel! Monsieur seroit...

DERVAL.

Derval, mon camarade & mon meilleur ami.

Mad. DERVAL, *avec une profonde tristesse.*

Ah! Lise!

LISE, *du même ton.*

Ah! oui, je vous entends.

DERVAL, *à Forville.*

Parle donc.

FORVILLE, *passant respectueusement à Madame Derval.*

J'étois loin de vous croire ici, Madame; mais je me félicite d'être auprès de vous quelques instans plutôt.

Mad. DERVAL, *à Lise.*

Quel ton !

LISE.

Pitoyable, Madame.

DERVAL, *à Forville.*

Plus de vivacité, plus de chaleur.

FORVILLE.

Et si j'allois en avoir trop?

DERVAL.

Ne crains rien, je suis là.

FORVILLE, *toujours réservé.*

Quoiqu'on m'ait dit de vous, Madame, je vois avec un plaisir inexprimable combien vous êtes au-dessus des éloges. Il ne me reste plus qu'à mériter mon bonheur.

DERVAL.

Pas mal.

Mad. DERVAL, *très-froidement.*

Je m'efforcerai, Monsieur, de le rendre durable. (*Forville lui baise la main.*)

DERVAL.

Bien, très-bien, à merveille.

FORVILLE.

Ah ! tu trouves cela de ton goût ? (*Il se présente pour embrasser Madame Derval.*)

DERVAL, *le tirant par l'habit.*

Ceci n'est pas nécessaire.

LISE, *passant entre Forville & sa maîtresse.*

Un moment, Monsieur. Avant que de faire le mari, il feroit à propos de prouver que vous l'êtes. (*Derval glisse son porte-feuille dans la poche de Forville.*) Il y a eu une fausse Madame Dalleville, il pourroit aussi se trouver un faux Monsieur Derval, & ce dernier quiproquo finiroit par n'être pas plaisant. Allons, Monsieur, vos preuves?

FORVILLE, *tirant le porte-feuille.*

En faut-il d'autres que ces lettres charmantes, où le sentiment se peint à chaque mot?

Madame

Mad. DERVAL, *à Lise.*

Hélas ! c'est lui.

LISE.

J'en ai peur. (*A Forville.*) Vous avez les lettres, c'est fort bien ; mais qui nous répondra que c'est à vous qu'elles ont été adressées ?

FORVILLE.

La supposition est offensante.

LISE.

Ma foi, Monsieur, dans une telle circonstance, une femme ne sauroit avoir trop de circonspection.

FORVILLE, *à Derval.*

Tire-toi de là.

Mad. DERVAL, *à Forville.*

Il me semble, en effet, Monsieur, que votre ton très-raisonnable & votre style très-léger, ne s'accordent pas infiniment.

LISE, *à Forville.*

Allons, Monsieur, c'est bien le moment d'avoir de l'imagination. Voilà du papier. Ecrivez un dernier billet doux, & nous sommes prêtes à vous reconnoître.

FORVILLE, *à Derval.*

Ma foi, je suis à bout.

DERVAL.

Vous me forcez à vous avouer, Madame, une supercherie dont mon ami conviendroit avec peine. Peu exercé dans l'art d'écrire, il a cependant senti votre supériorité ; il a craint de perdre dans votre opinion, & il m'a pris pour secrétaire.

Mad. DERVAL.

Quoi, Monsieur, ces lettres que j'ai lues avec tant de plaisir !...

DERVAL.

Sont de moi, & je le prouve. (*Il s'assied & écrit.*)

LISE, *à part.*

Il ne manquoit plus que cela pour achever de nous tourner la tête.

DERVAL, *écrivant.*

Cependant mon ami a eu tort d'emprunter une main étrangère, & je le prouve encore. (*Il se lève & lit.*)

» Pour bien écrire à ce qu'on aime,
» A-t-on besoin de son esprit ?
» La plume va, court d'elle-même,
» Quand c'est l'amour qui la conduit.

(*Il présente le papier à Madame Derval.*)

LISE, *à part.*

Il a juré de se faire adorer.

DERVAL, *à Forville.*

J'espère que c'est là de la présence d'esprit.

Mad. DERVAL.

Il n'est plus possible de douter.

LISE.

Il faut au moins gagner du temps.

Mad. DERVAL.

A quoi bon ?

LISE.

Pour se consulter, pour prendre un parti. Allons, du courage, éloignez-moi ce mari-là.

Mad. DERVAL.

Ce que vous me dites, Messieurs, ce que je vois, la probité que je vous accorde, tout semble se réunir pour me convaincre. Cependant vous me permettrez de ne rien précipiter.

FORVILLE.

Quoi, Madame ?...

LISE.

Appuyez, ferme.

Mad. DERVAL, *à Forville.*

C'est à Paris, c'est en présence de ma famille que je recevrai, que je reconnoîtrai mon époux. Voilà, Monsieur, ma dernière résolution, & loin de me blâmer, je me flatte que vous m'en saurez gré de ma prudence.

FORVILLE, *à Derval.*

Hé bien, où tout cela va-t-il te mener ?

DERVAL.

Tu ne le vois pas ?

FORVILLE.

Non.

DERVAL.

Tu ne vois pas sa contrainte, la froideur qu'elle te marque ?

FORVILLE.

Qu'en résulte-t-il ?

DERVAL.

La certitude d'être aimé pour moi-même. Résisteroit-elle aux preuves que nous lui avons données, si elle n'étoit fortement prévenue en ma faveur ? Oh, c'est charmant, délicieux, divin.

LISE.

Messieurs, qui passez le temps à causer entre vous, & qui pourriez mieux l'employer, vous connoissez les intentionsde Madame, voulez-vous bien vous y conformer ?

DERVAL.

Quoi ! nous retirer, à l'instant même ?

LISE.

Si vous le trouvez bon. On vous a notifié qu'on ne reconnoîtroit personne qu'à Paris ; & nous n'avons que le temps nécessaire pour nous remettre de l'épouvante qu'inspire d'abord un mari à une jeune personne de seize ans.

DERVAL.

Il n'en est pas moins plaisant qu'on se permette de le mettre à la porte.

LISE.

Il seroit bien plus extraordinaire que Monsieur n'eût pas le mérite essentiel d'un époux.

FORVILLE.

Et lequel ?

LISE.

La docilité.

FORVILLE.

Il n'y a rien à repliquer à cela, pourvu cependant que Mademoiselle ait exprimé le vœu de Madame.

Mad. DERVAL.

Vous m'obligerez, Monsieur, en me permettant de me recueillir quelques instans. (*On se salue.*)

DERVAL, *à Forvillle en sortant.*

Ah! mon ami, que je suis heureux! cette femme-là te déteste.

SCENE XXI.

LISE, Mad. DERVAL.

LISE. *Elle fixe sa maîtresse les bras croisés, & après un temps.*)

HÉ bien, Madame?

Mad. DERVAL.

Je suis désespérée.

LISE, *vivement.*

Du désespoir! fi donc, c'est la ressource des dupes. Osez vous élever contre l'espèce de violence qu'on vous a faite, & réclamez les droits les plus simples. Quoi! un contrat passé à un âge où on ne dispose de rien, une signature arrachée lorsque vous ne vous connoissiez pas encore, vous lieroient pour la vie! Monsieur Derval n'a que le titre de votre époux; aujourd'hui on fait tout avec de l'argent; vous le prodiguerez pour rompre un nœud mal assorti, & si vous n'êtes pas à l'homme qui vous est cher, vous ne serez pas du moins à celui que vous ne pouvez supporter!

Mad. DERVAL.

Ah ! Life, quelle cruelle extrémité !

LISE.

Point de mots, Madame, ce n'eſt point avec des exclamations qu'on corrige la fortune. Que le raiſonnable, le réfléchi, l'indifférent Derval apprenne le cas que fait une jolie femme d'un ſage de vingt ans. Indifférent auprès de vous, c'eſt étonnant, inconcevable, cela tient du prodige. (*Avec déſordre.*) Ah !... ah !... Madame... Madame... quel trait de lumière !...

Mad. DERVAL, *languiſſamment.*

Aurois-tu quelque choſe de conſolant à me dire ?

LISE, *avec la plus grande chaleur.*

Mes idées ſe ſuccèdent avec une rapidité... Ce d'Ericourt, qui a été pendant ſix ans le ſecrétaire de votre époux, qui pendant cette ſuite d'années ne l'auroit pas quitté un ſeul inſtant ; qui auroit écrit pour lui dans un temps où Derval ne ſoupçonnoit pas l'avantage de bien écrire, pour Derval, dont les parens n'ont jamais méconnu l'écriture ; ce prétendu Derval, qui a, dit-il, reconnu la vôtre, lorſque d'Ericourt, en la voyant, n'a pas été maître de ſes tranſports ; la froideur du premier, qui n'eſt pas naturelle, la gaîté du ſecond à qui cette rencontre imprévue devoit déplaire, qu'elle devoit déſoler...

Mad. DERVAL.

Je te devine & je n'oſe eſpérer.

LISE, *avec force.*

D'Ericourt eſt votre époux.

Mad. DERVAL.

Ah ! que j'ai beſoin de te croire !

LISE.

Croyez & puniſſez-le d'avoir oſé ruſer. (*Elle appelle.*) Monſieur Derval, Monſieur Derval ?

Mad. DERVAL.

Que vas-tu faire ?

LISE.

Il vous a fait trembler ; qu'il tremble à son tour, qu'il se repente, qu'il s'accuse.

Mad. DERVAL, *tendrement.*

Tu es persuadée que c'est lui, & tu veux l'affliger !

LISE.

Point de pitié. Désoler un mari, c'est venger tout un sexe. Monsieur Derval, Monsieur Derval ?

SCENE XXII.

LES PRÉCÉDENS, DERVAL, FORVILLE.

LISE, *à Derval.*

Moins d'empressement, Monsieur ; ce n'est pas vous qu'on demande.

DERVAL.

Je ne quitte jamais mon ami.

LISE.

Pas même auprès de sa femme ? Ce seroit un peu fort.

DERVAL.

Hé ! que lui veut Madame ?

LISE.

Et quel compte doit-elle à Monsieur ?

DERVAL.

Je suis le confident, l'agent, le factotum de Derval.

LISE.

Cela n'empêchera pas, Madame, qui a réfléchi à ce qui vient de se passer, d'avoir avec Monsieur une conversation particulière.

DERVAL.

Particulière ?

LISE.

Où je ne ferai pas même admise, moi qui suis son conseil privé.

DERVAL.

Et, l'entretien aura lieu ?...

LISE.

Eh ! parbleu, dans sa chambre.

DERVAL, *s'écriant.*

Comment dans sa chambre !

FORVILLE.

Tu te décèles.

DERVAL.

C'est égal. Je ne pousserai pas l'épreuve jusque-là.

FORVILLE.

Mais tu veux que je fasse encore le mari.

DERVAL.

Oui, devant moi.

LISE, *à Mad. Derval.*

Que vous ai-je dit ?

Mad. DERVAL.

Sa crainte, sa rougeur, son embarras, tout le trahit. Ah ! je respire, je renois au bonheur, & je reviens à la gaîté.

LISE.

Intriguez un peu cet aimable frippon-là.

Mad. DERVAL, *à Forville.*

Je me reproche sincèrement, Monsieur, la manière dont je vous ai reçu tantot. Une réserve bien naturelle à mon âge m'a empêché de vous répéter ce que je vous ai si souvent écrit : sortez de l'erreur à laquelle j'ai pu donner lieu. J'ai applaudi en vous voyant aux choix de mes parens, & je sens que l'obéissance à quelquefois ses douceurs.

DERVAL.

En voici bien d'un autre.

FORVILLE, *finement.*

Je plais, mon ami, je plais, & tu ne t'en doutois pas.

Mad. DERVAL, *à Forville.*

Nous avons à parler d'affaires importantes ; vous voudrez bien m'accorder un moment.

DERVAL.

Demeure, je t'en prie, je l'exige.

LISE, *qui a avancé un siège.*

(*A Derval.*) Asseyez-vous, Monsieur. Je vous tiendrai compagnie. Vous me raconterez la bataille de Fontenoy, vous me parlerez du Maréchal de Saxe...

DERVAL.

Point de mauvaise plaisanterie, Mademoiselle, s'il vous plaît. (*A Forville.*) Demeure, te dis-je, ou je me fâche sérieusement.

FORVILLE.

Comme tu voudras. Un pareil tête-à-tête ne peut trop s'acheter. (*Présentant la main à Madame Derval.*) Je suis à vos ordres, Madame, & je vous prouverai, par les soins les plus tendres, combien je suis flatté de l'honneur d'être à vous.

DERVAL.

Je jette mon masque ; ceci devient trop vif. (*Passant entre Forville & sa femme.*) Un moment, Madame. Vous ne savez pas avec qui vous vous retirez.

Mad. DERVAL.

Avec un homme fort aimable que vous m'avez présenté en qualité d'époux.

DERVAL.

Mais c'est qu'il ne l'est pas, Madame, il ne l'est pas du tout.

Mad. DERVAL.

Mad. DERVAL.

Ce que vous me dites eſt-il poſſible ? Ah ! j'en ſerois au déſeſpoir.

DERVAL.

Hé bien, Madame, déſeſpérez-vous tout à votre aiſe. C'eſt moi qui ſuis votre mari.

Mad. DERVAL.

Toujours gai, toujours plaiſant.

DERVAL.

Je ne plaiſante pas, & je n'en ai nulle envie.

Mad. DERVAL.

Rappellez-vous les preuves poſitives que vous-même m'avez données. Mon jugement les adopte & mon cœur les confirme.

DERVAL.

Votre cœur ! vous ne me perſuaderez pas qu'un cœur s'anime en cinq minutes.

Mad. DERVAL.

Vous m'avez bien juré, vous, que le vôtre s'étoit enflammé en une ſeconde.

DERVAL.

Cela fait votre éloge.

Mad. DERVAL.

Je fais auſſi celui de Monſieur.

DERVAL, *après un temps.*

Ma chère amie ?

Mad. DERVAL.

Il eſt familier.

DERVAL.

Vous m'avez bien l'air de vous moquer de moi.

Mad. DERVAL.

Oh ! je n'oſerois.

DERVAL.

J'ai voulu plaisanter & j'ai eu tort, je le sens. Le plus fin de nous n'est qu'un enfant, même avec la plus ingénue. Mon aimable, ma séduisante amie, vous prétendez me punir; n'est-ce pas vous punir aussi vous-même? le temps perdu ne se retrouve jamais. (*A ses genoux.*) Grace, femme charmante, & pour vous & pour moi.

Mad. DERVAL, *mollement.*

Ah! je suis trop heureuse pour me défendre plus long-temps. Il est si doux de céder à ce qu'on aime. (*Elle le relève & l'embrasse.*)

LISE, *à part.*

Je ne me serois pas rendue ainsi, il eût acheté la victoire.

SCENE XXIII.

LES PRÉCÉDENS, DUPONT.

DUPONT, *à Madame Derval.*

IL me semble, Madame, que tout a réussi selon vos desirs. Permettez-moi de vous rappeller maintenant que vous avez une noce à faire.

DERVAL, *à sa femme.*

Ma bonne amie, faisons-la ici.

Mad. DERVAL.

Croyez-vous?

LISE.

Oui, le plutôt sera le mieux.

DERVAL.

Sans étiquette, loin des importuns. Nous admettrons cependant un tiers.

Mad. DERVAL.

L'aimable amour ?

DERVAL.

Celui-là ne te quitte point.

Mad. DERVAL.

Puisses-tu penser toujours de même !

DERVAL.

Peut-on changer quand on est bien ?

FORVILLE.

Vous vous êtes éprouvés tous deux, & vous n'avez pas à vous en plaindre : tenez-vous-en là, je vous le conseille ; on ne s'éprouve pas toujours aussi heureusement.

FIN.

www.ingramcontent.com/pod-product-compliance
Ingram Content Group UK Ltd.
Pitfield, Milton Keynes, MK11 3LW, UK
UKHW021029180726
13838UKWH00004B/1696

9 782329 271415